Waffeln

Sandra Fischer (Hrsg.)

Waffeln

Die besten Rezepte

Bassermann

Der Text dieses Buches entspricht den Regeln der neuen deutschen Rechtschreibung.

ISBN 3 8094 1566 9

Umschlaggestaltung: Therese und Horst Rothe, Niedernhausen
Redaktion dieser Ausgabe: Anja Halveland
Layout: Christa Gramm Präsentations Design, Wiesbaden
Fotos: CMA Deutsche Butter: S. 52; **iSi:** S. 29; **Meggle:** S. 57; **The Food Professionals Köhnen GmbH:** S. 6 (Fuchs Gewürze); **UNION Deutsche Lebensmittelwerke GmbH,** Hamburg: S. 13 (becel), 28, 51 (Sanella), 56 (Yofresh); **TLC-Fotostudio-GmbH,** Velen-Ramsdorf: S 12, 17, 25, 34, 35, 38, 39, 49, 61, 64; **Amos Schliack,** Hamburg: alle übrigen Rezeptfotos.
Verlag und Herausgeberin danken den angegebenen Firmen für die freundliche Unterstützung bei der Entstehung dieses Buches.
Einleitungstext: Ingrid Ahnert, Kunreuth
Satz und Producing: sabINe vogt dtp, Freising
Reproduktion: Lithotronic, Frankfurt

110870193X817 2635 4453 62

Waffeln

Von Kennern und solchen, die es werden möchten

»Ein eigenes Buch zum Thema Waffeln?« Dass dies durchaus möglich – und auch nötig – ist, davon sollen auch all jene überzeugt werden, die unter Waffeln diese industriell gefertigten, in Folie eingeschweißten »Gebäckstücke« verstehen, die zur Dekoration von Eisbechern oder Süßspeisen verwendet werden. Natürlich ist gegen derartige Eiswaffeln nichts einzuwenden, doch sind sie – was Vielfalt und Raffinesse betrifft – eher auf der untersten Sprosse einer langen Leiter anzusiedeln.

Wer bereit ist, die nächsten Sprossen zu erklimmen, wird allmählich die verführerische Welt der Waffeln erkunden. Der eher nüchterne Betrachter wird zunächst feststellen, dass es sich bei der Waffel um »ein im Waffeleisen hergestelltes, wabenartig geprägtes Gebäck aus Mehl, Eiern und Milch beziehungsweise Sahne« handelt. Mit Zucker und Zimt bestäubt oder einem Klacks Sahne verfeinert, hat dieses köstliche Naschwerk nur noch wenig mit der gemeinen Eiswaffel gemeinsam, doch am Ende der Leiter warten noch viel größere Genüsse!

Hier gibt es nicht nur süße Waffeln, mit Früchten oder Eis serviert oder mit diversen Füllungen, zu entdecken, sondern auch pikante Waffeln, die mit Käse, Schinken, Kräutern oder Gewürzen verfeinert sind. Für wahre Fans sind Waffeln rund um die Uhr denkbar: als krönender Abschluss eines ausgiebigen Frühstücks, mittags als pikantes Hauptgericht oder als leckerer Nachtisch, nachmittags als Beilage zum Kaffee, als kleines Zwischengericht oder Attraktion eines Kindergeburtstages, als Abendessen in geselliger Runde mit Freunden … , und selbst nachts lässt sich ein knurrender Magen mit übrig gebliebenen Waffeln beruhigen.

Meilensteine auf dem Weg in den »Waffelolymp«

Im »richtigen« Leben gilt: Der Weg nach oben ist erfahrungsgemäß schwierig und mit Stolpersteinen gepflastert – nicht jedoch so beim Waffelbacken. Um in den Waffelolymp aufzu-

steigen, muss man weder ein begnadeter Koch noch eine routinierte Bäckerin sein. Es gilt nur, einige wenige Grundregeln zu beachten. Und wer dann auch noch über Fantasie und Kreativität verfügt, kann sich zu wahren Höhenflügen aufschwingen.

Erster Meilenstein: der Teig

Man kennt die Grundzutaten für Gebäck seit frühester Kindheit aus dem bekannten Kinderlied »Backe, backe Kuchen« – oder etwa nicht? Nun, dann alles noch mal im Schnelldurchlauf.

Dreh- und Angelpunkt beim Waffelteig sind die Eier. Es ist zwar üblich, in den Rezepten jeweils die Anzahl der verwendeten Eier anzugeben, doch im Grunde ist dies zu ungenau. Denn bei Eiern gibt es die verschiedensten Größen, angefangen vom Riesenei mit 70 Gramm der Klasse 1 bis hin zum Winzling von 45 Gramm der Klasse 6. Sie ahnen's vermutlich schon, wie so oft im Leben gilt auch hier die »goldene Mitte« – und die heißt beim Waffelbacken (und beim Backen allgemein natürlich auch), Eier der Handelsklassen 3 und 4 zu verwenden.

Ist es überflüssig, darauf hinzuweisen, dass man nur frische Eier verwenden sollte? Vielleicht doch nicht, denn diese Problematik wird weder in erwähntem Kinderlied abgehandelt, noch kann man bei jedem Menschen ausreichend Backerfahrungen voraussetzen. Woran erkennt man eigentlich ein frisches Ei? Frische Eier dürfen beim Schütteln kein Geräusch erzeugen. Außerdem muss das Eiweiß den Dotter als fester Rand umschließen. Um das zu überprüfen, kann man das Ei aufschlagen und auf einen Teller gleiten lassen. Je flüssiger das Eiweiß, desto älter ist das Ei.

Butter, Margarine oder Speiseöl sind ebenfalls wichtige Zutaten. Den feinsten Geschmack bringt natürlich Butter. Besonders saftig werden Waffeln, wenn man Speiseöl verwendet. Wenn im Rezept kein spezielles Öl angegeben ist, sollten Sie immer ein geschmacksneutrales Öl wie Sonnenblumen- oder Maiskeimöl verwenden.

Wussten Sie übrigens, dass Gebäck »luftiger« und feinporiger wird, wenn man einen Teil des Mehls durch Speisestärke ersetzt? Die Frage, ob man dazu Mais- oder Kartoffelstärke verwenden soll, ist einfach zu beantworten: Für's Endergebnis ist es egal. Kein Beinbruch ist es außerdem, wenn mal keine Speisestärke (sofern im Rezept angegeben) im Haus ist. Dann kann man einfach die Mehlmenge entsprechend der Stärkemenge erhöhen.

Ein Wörtchen ist natürlich auch zum Mehl zu sagen. In den Rezepten wird unter »Mehl« immer Weizenmehl Type 405 verstanden. Zur Erklärung ein kleiner Ausflug in die Namensgebung der Mehle: Mehle sind nach ihrem Mineralstoffgehalt (Aschegehalt) benannt. Mehl Type 405 bedeutet, dass in 100 Gramm Trockensubstanz 405 Milligramm Asche enthalten sind. So viel zum Mehl.

Selbstverständlich darf bei keinem süßen Naschwerk der Zucker fehlen. Wer Kalorien sparen möchte und beim Waffelteig den Zucker durch Süßstoff ersetzt, wird jedoch eine herbe Enttäuschung erleben. Denn dann ist der Teig nicht mehr backfähig. Es ist allenfalls möglich, die Zuckermenge um 20 bis 30 Prozent zu reduzieren. Doch dann werden die Waffeln nicht mehr ganz so knusprig.

Zweiter Meilenstein: die technische »Ausrüstung«

Waffeln sind keine Erfindung der Neuzeit, auch wenn die Kunst des Waffelbackens früher mit vielen Mühen verbunden war. Noch vor Jahrhunderten musste man schwere Eisen über offenes Feuer halten, um gleichmäßige Waffeln zu backen. Leichter hatten es bereits unsere Großmütter (Großväter zeigten zu jener Zeit noch kein Interesse an Küchenfragen), die ein schwenkbares Waffeleisen in die Ringeinsätze des Küchenherdes hängen konnten. Mit dem Einzug elektrischer Geräte ist Waffelbacken für Mütter, Väter, Tanten und Onkel heute zum Kinderspiel geworden.

Mögen Sie Herzen? Bestens, denn am gebräuchlichsten ist das Herzchen-Waffeleisen (alle Rezeptmengen in diesem Buch sind für dieses Gerät berechnet. Daneben gibt es auch spezielle Geräte für Brüsseler Waffeln (rechteckige Form) sowie für Hörnchenwaffeln.

Neben der Form unterscheiden sich die Waffeleisen in der Oberflächenbeschichtung und den Stufen der Temperatureinstellung. Am häufigsten sind teflonbeschichtete Geräte. Diese

Tipp

Nach so viel Theorie abschließend noch ein praktischer Tipp: Der Waffelteig sollte dickflüssig sein, aber dennoch leicht vom Löffel fließen. Lassen Sie den Teig etwa 2 Stunden ruhen, damit das Mehl gut ausquellen kann und der Teig geschmeidig ist.

■ ■ ■ **Tipp**

So haben Sie länger Freude an Ihrem Waffeleisen: Benutzen Sie keine spitzen Gegenstände, um die fertigen Waffeln aus dem Eisen zu holen. Die Beschichtung wird sonst schnell zerstört. Sanfter geht's so: Die Waffel mit einer Gabel seitlich anstechen, leicht anheben, einen Bratenwender (am besten aus Holz oder Kunststoff) darunter schieben und die Waffel damit vorsichtig auf ein Kuchengitter zum Abkühlen legen.

braucht man nur einmal vor dem Backen der ersten Waffel dünn mit Butter, Butterschmalz oder Öl einzufetten. Nicht beschichtete Waffeleisen – vor allem ältere Modelle – sollten nach dem Backen jeder Waffel erneut eingefettet werden. Hierzu verwendet man am besten einen Pinsel.

Wenn der Teig vorbereitet und das Eisen nach Herstellerangaben aufgeheizt ist, kann's losgehen. Doch keine Eile: Denn wenn das Gerät noch nicht die richtige Temperatur hat, kann die Waffel an der Form festkleben. Eine Kontrollleuchte zeigt an, wann das Gerät backbereit ist.

Danach ist allerdings zügiges Arbeiten angesagt, da sonst die Waffel nicht gleichmäßig braun wird: Schnell eine kleine Schöpfkelle in die Mitte der unteren Backfläche geben, dann das Gerät schließen und einen Augenblick lang fest zusammendrücken. Moderne Waffeleisen melden mit einem Summton oder durch das Aufleuchten einer Kontrolllampe, wann die Waffeln fertig sind und herausgenommen werden können.

Danach ist nur noch ein klein wenig Geduld notwendig, bis die Waffeln auf einem Kuchengitter etwas abgekühlt sind. Zum Schluss nichts dadurch verpatzen, dass man die Waffeln übereinander stapelt – denn sonst werden sie weich. Jetzt nur noch die Waffel mit Puderzucker bestäuben oder mit einer leckeren Sauce bestreichen – und man hat endlich den Waffelolymp erreicht.

Tipps zum Aufbewahren

Eigentlich hat es die Waffel gar nicht nötig, dass man ein Loblied auf sie singt. Denn Kenner wissen es selbst: Waffeln lassen sich schnell und mühelos vorbereiten, vielfältig kombinieren und problemlos aufbewahren. Und das beginnt schon beim Teig.

Rühren Sie ruhig »hemmungslos« Ihren Teig zusammen, wenn Sie einmal so richtig in Waffellaune sind. Denn selbst, wenn Sie nur wenige Stücke backen möchten, können Sie den restlichen Teig hervorragend einfrieren. So ist es möglich, ganz spontan und ohne viel Aufwand eine Zwischenmahlzeit, ein Dessert oder etwas zum Nachmittagskaffee zu zaubern.

Im Eifer des Gefechtes zu viel gebacken? Ebenfalls kein Problem, denn knusprige Waffeln lassen sich bestens einige Tage in einer Blechdose aufbewahren. Knusprige Waffeln bekommt man übrigens, wenn man statt Milch lauwarmes Wasser verwendet. Besonders knusprige Waffeln können Sie backen, wenn Sie ein Gerät mit Reglerknopf für die Backtemperatur besitzen. Hierzu den Regler auf Stufe 1 bis 2 stellen, und die Waffeln so lange backen, bis die grüne Leuchte zum zweiten Mal »fertig« meldet.

Doch was tun mit weichen Waffeln? Kälteschlaf heißt die Lösung. Im Toaster kurz aufgetaut, schmecken eingefrorene Waffeln (fast) so gut wie frisch gebacken.

So wird's gemacht

Kurze Grundanleitung für gelungene Waffeln

1. Verrühren Sie alle im Rezept angegebenen Zutaten zu einem klümpchenfreien Teig.

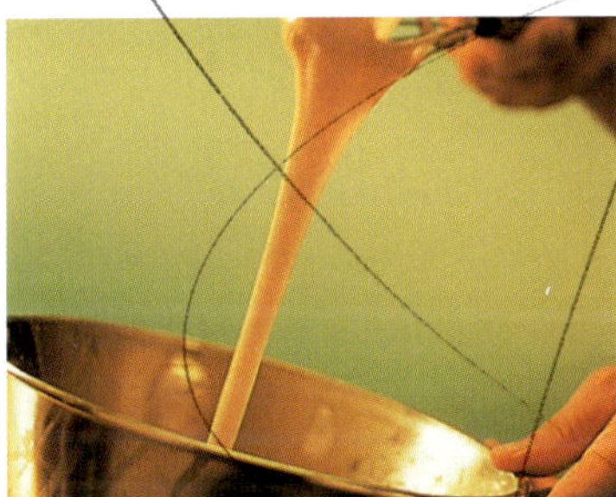

2. Der Teig sollte eine cremig-flüssige Konsistenz haben.

3. Das heiße Waffeleisen eventuell mit Pflanzenöl einfetten.

4. Den Waffelteig mit einem kleinen Schöpflöffel auf die heiße Backfläche geben. Ist der Teig etwas fester, muss er über die Fläche verstrichen werden.

5. Das Waffeleisen schließen. Die Waffel ist fertig, wenn aus dem Waffeleisen kein Dampf mehr entweicht.

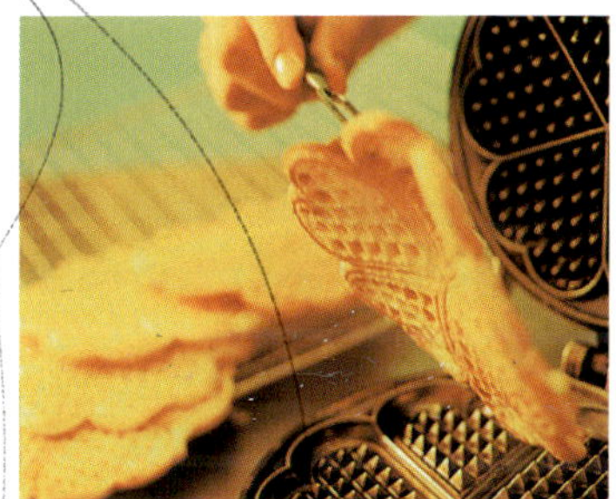

6. Die heiße Waffel zum Abkühlen auf ein Kuchengitter legen.

Abkürzungen

g	=	Gramm
kg	=	Kilogramm
Msp.	=	Messerspitze
TL	=	Teelöffel
EL	=	Esslöffel
ml	=	Milliliter
l	=	Liter
P.	=	Päckchen
Min.	=	Minuten
Std.	=	Stunde(n)
ca.	=	circa
TK-...	=	Tiefkühl-...
°C	=	Grad Celsius

Süße, duftende Waffeln sind nicht nur als Zwischendurch-Snack auf dem Weihnachtsmarkt beliebt, sondern zudem außerordentlich wandelbar. Im folgenden Kapitel finden Sie viele interessante Variationen.

Süße Waffeln

Buttermilchwaffeln

Zutaten

- 125 g Butter
- 4 Eier
- 240 g Mehl
- 2 TL Backpulver
- knapp 3/8 l Buttermilch
- 1 Prise Salz
- 1 EL Zucker

1. Die Butter und die Eier cremig verrühren. Mehl und Backpulver mischen und abwechselnd mit der Buttermilch in den Teig geben. Alles gut verrühren.

2. Salz und Zucker unter den Teig heben.

3. Das Waffeleisen vorheizen, gut einfetten und goldgelbe Waffeln backen.

■ *Für etwa 10 Waffeln*
Zubereitungszeit: ca. 20 Min.

Variation

Dazu passen Sauerkirschen, mit Zimt bestreut und einem Minzezweig garniert.

Zutaten

- 100 g Mehl
- 50 ml Mineralwasser
- 180 ml Joghurt
- 2 P. Vanillezucker
- 25 g zerlassene Margarine (z. B. von becel)

Joghurtwaffeln

1. Das Mehl mit dem Wasser glatt rühren. Joghurt unterziehen und die Masse 30 Minuten kalt stellen.

2. Den Vanillezucker und die Margarine unter den Teig rühren.

3. Das Waffeleisen vorheizen, gut einfetten und goldgelbe Waffeln backen.

4. Mit Puderzucker bestäuben und Obst dazu reichen.

Für etwa 8 Waffeln
Zubereitungszeit: ca. 20 Min.

Mürbe Waffeln mit Eierlikörsahne

Zutaten

- 200 g weiche Butter
- 200 g Zucker
- 1 P. Vanillezucker
- 1 Prise Salz
- 4 frische Eier
- 150 g Mehl
- 100 g Speisestärke
- 1 TL Backpulver
- 100 g Sahne

Für die Eierlikörsahne

- 300 g Sahne
- 1 TL Zucker
- 100 ml Eierlikör

1. Butter, Zucker, Vanillezucker und Salz miteinander verrühren, bis die Masse cremig ist. Nach und nach die Eier unterrühren.

2. Das Mehl mit Speisestärke und Backpulver mischen, sieben und abwechselnd mit der Sahne unter den Teig rühren.

3. Das Waffeleisen vorheizen, gut einfetten und goldgelbe Waffeln backen.

4. Die Sahne mit dem Zucker steif schlagen. Vom Likör 2 EL abnehmen und den Rest unter die Sahne ziehen.

5. Alles in ein Schälchen geben, den restlichen Eierlikör darüber gießen und zu den Waffeln servieren.
(auf dem Foto S. 15)

■ *Für etwa 10 Waffeln*
Zubereitungszeit: ca. 45 Min.

Biskuitwaffeln

1. Die Eiweiße zusammen mit dem Wasser steif schlagen. Den Zucker hineinrieseln lassen und den Eischnee weitere 2 bis 3 Minuten schlagen, so dass die Masse glänzt. Die Eigelbe unterziehen.

2. Mehl, Stärkemehl und Backpulver mischen, über die Eischaummasse sieben und vorsichtig darunterziehen. Zitronenschale und Zitronensaft unter den Teig mischen.

3. Das Waffeleisen aufheizen, gut einfetten und goldbraune Waffeln backen.

■ *Für etwa 11 Waffeln*
Zubereitungszeit: ca. 20 Minuten

Zutaten

- 4 Eiweiß
- 4 EL lauwarmes Wasser
- 150 g Zucker
- 4 Eigelb
- 80 g Mehl
- 80 g Stärkemehl
- 1 TL Backpulver
- Saft und abgeriebene Schale von 1/2 unbehandelten Zitrone

Berliner Waffeln

1. Die Eier schaumig rühren und Sahne, Salz sowie Kümmellikör untermischen. Zum Schluss das Mehl dazugeben.

2. Das Waffeleisen vorheizen, gut einfetten und goldgelbe Waffeln backen.
(auf dem Foto: oben)

Für etwa 7 Waffeln
Zubereitungszeit: ca. 20 Min.

Zutaten
- 3 Eier
- 250 g saure Sahne
- 1 Prise Salz
- 2 EL Kümmellikör
- 200 g Mehl

Zürcher Waffeln

Zutaten
- 125 g Butter
- 3 EL Zucker
- Saft und abgeriebene Schale von 1/2 unbehandelten Zitrone
- 2 große Eier
- 250 g Mehl
- 1 TL Backpulver
- 1/4 l Milch
- 2 EL saure Sahne

1. Butter und Zucker cremig schlagen. Zitronensaft und -schale sowie die Eier darunter geben.

2. Mehl und Backpulver mischen und abwechselnd mit der Milch in den Teig rühren. Die Sahne hinzugeben.

3. Das Waffeleisen vorheizen, gut einfetten und goldgelbe Waffeln backen.
(auf dem Foto: unten)

Für etwa 8 Waffeln
Zubereitungszeit: ca. 25 Min.

Brüsseler Waffeln

Zutaten
- 225 g Mehl
- 1 1/2 TL Trockenhefe
- 4 EL Zucker
- 1 Prise Salz
- 1 Ei
- Mark von 1 Vanilleschote
- ca. 3/8 l lauwarme Milch
- 4 EL flüssige Butter

1. Das Mehl mit der Trockenhefe vermischen. Zucker, Salz, Eigelb, Vanillemark, Milch und die abgekühlte Butter dazugeben. Alles kneten, bis der Teig glatt ist. Diesen zugedeckt etwa 60 Minuten gehen lassen.

2. Das Eiweiß sehr steif schlagen und unter den Teig heben.

3. Das Waffeleisen vorheizen, gut einfetten und goldgelbe Waffeln backen.

Für etwa 10 Waffeln
Zubereitungszeit: ca. 25 Min. + 1 Std. Gehzeit

Zutaten

- 200 g Butter oder Margarine
- 100 g Zucker
- abgeriebene Schale von 1 unbehandelten Zitrone
- 4 frische Eier
- 250 g Mehl
- 1 P. Backpulver
- 100 g gemahlene Mandeln
- 1/8 l Milch
- 100 g geraspelte Äpfel

Für die Zimtsahne

- 500 g Sahne
- 2 P. Vanillezucker
- 2 TL Zimt

Apfelwaffeln mit Zimtsahne

1. Für den Waffelteig Butter, Zucker, Zitronenschale und Eier cremig rühren.

2. Mehl, Backpulver sowie Mandeln mischen, sieben und abwechselnd mit der Milch unter den Teig rühren. Nun die Apfelraspel unter den Teig heben. Die Masse sollte dickflüssig sein.

3. Das Waffeleisen vorheizen, gut einfetten und goldgelbe Waffeln backen.

4. Für die Zimtsahne die Sahne mit dem Vanillezucker und Zimt steif schlagen. Zu den heißen Waffeln servieren.

■ *Für etwa 14 Waffeln*
Zubereitungszeit: ca. 45 Min.

Honigwaffeln mit Zitronensahne

Zutaten

- 125 g Butter oder Margarine
- 3 EL Honig
- 1 P. Vanillezucker
- 2 frische Eier
- 1 Prise Salz
- 250 g Mehl
- 1/2 TL Backpulver
- 1/4 l Milch

Für die Zitronensahne

- 250 g Sahne
- 3 EL Zucker
- Saft und abgeriebene Schale von 1 unbehandelten Zitrone

1. Die Butter oder Margarine mit Honig, Vanillezucker, Eiern und Salz schaumig rühren. Das Mehl mit dem Backpulver vermischen, sieben und abwechselnd mit der Milch unterrühren.

2. Das Waffeleisen gut vorheizen und einfetten. Goldgelbe Waffeln ausbacken.

3. Die Sahne mit dem Zucker sehr steif schlagen. Zitronenschale und Saft vorsichtig unterziehen. Zu den warmen Waffeln servieren.

■ *Für etwa 9 Waffeln*
Zubereitungszeit: ca. 40 Min.

Tipp

Besonders dekorativ wirken diese Waffeln, wenn Sie sie zusätzlich mit Zitronenmelisseblättern, Zitronenscheiben oder Zitronenzesten garnieren.

Waffeln mit Karamell und Sahne

Zutaten

- 250 g Butter
- 300 g Zucker
- 2 P. Vanillezucker
- 300 g Sahne
- 4 frische Eier
- 150 g Mehl
- 100 g Speisestärke
- 1 TL Backpulver
- 400 g Sahne

1. Die Butter in einem Topf zerlassen. Zucker und Vanillezucker dazugeben und so lange unter Rühren kochen lassen, bis die Masse eine dunkelbraune Farbe hat.

2. Dann den Topf vom Herd nehmen. Erst 1 EL Sahne unterrühren, dann die restliche Sahne unter ständigem Rühren langsam zugeben. Ist der Zucker noch nicht vollständig aufgelöst, den Karamell erneut erwärmen und rühren, bis keine Zuckerkristalle mehr sichtbar sind.

3. 150 g Karamell in ein Kännchen gießen. Den Rest in eine Rührschüssel umfüllen und etwas abkühlen lassen.

4. Nach und nach die Eier unter das Karamell rühren. Das Mehl mit der Speisstärke und dem Backpulver mischen, sieben und portionsweise unter die Masse rühren.

5. Das Waffeleisen aufheizen, eventuell einfetten – nicht zu dunkle Waffeln ausbacken und diese auf ein Kuchengitter legen.

6. Die Sahne steif schlagen und die heißen Waffeln mit dem Karamell und der Sahne servieren.

■ *Für etwa 11 Waffeln*
Zubereitungszeit: ca. 45 Min.

Tipps

- ***Ist Ihnen der Karamell für die Sauce zu dickflüssig, dann rühren Sie noch 1 bis 2 EL Sahne unter.***
- ***Durch das Abkühlen wird Karamell schnell zäh. Erwärmen Sie das Kännchen mit der Sauce kurz in der Mikrowelle oder im heißen Wasserbad, wenn sie wieder flüssiger werden soll.***

Variation

Karamellfäden sollte man nur herstellen, wenn man genügend Zeit und Ruhe hat. Der Extra-Aufwand lohnt sich allein schon von der Optik her aber in jedem Fall. Dafür wird Zucker in einem Topf erwärmt und aufgelöst, bis er eine dunkel-goldene Farbe annimmt. Den Topf dann vom Herd nehmen, einen Löffel in den Karamell tauchen, etwas abtropfen lassen und Fäden auf eine sehr kalte Unterlage, das Gebäck oder ein Stück Butterbrotpapier fließen lassen.

Butterwaffeln mit Vanillequark und Honig-Erdbeeren

1. Für den Vanillequark das Saucenpulver mit dem Zucker vermengen, 4 bis 5 EL von der Milch abnehmen und mit dem Saucenpulver sowie dem Zucker klümpchenfrei verrühren.

2. Die restliche Milch zum Kochen bringen, das Saucenpulver einrühren und erneut aufkochen lassen. Den Quark unter die Sauce ziehen und erkalten lassen.

3. Für die Honig-Erdbeeren die Erdbeeren waschen, das Grün entfernen und sie in mundgerechte Stücke schneiden. Den Honig mit den Erdbeeren vermengen und alles mit Zitronensaft abschmecken.

4. Für den Waffelteig die weiche Butter mit dem Zucker, dem Vanillezucker und dem Salz cremig rühren. Die Eier nach und nach hinzufügen und gut unterrühren. Die Sahne und das abgesiebte Mehl nun abwechselnd vorsichtig darunterheben.

5. Wie gewohnt goldgelbe Waffeln ausbacken und diese mit dem Vanillequark und den Honig-Erdbeeren servieren. Nach Belieben mit gehackten Pistazienkernen bestreuen.

■ *Für etwa 9 Waffeln*
Zubereitungszeit: ca. 45 Min.

Zutaten

- 150 g weiche Butter
- 100 g Zucker
- 1 P. Vanillezucker
- 1 Prise Salz
- 4 frische Eier
- 200 g Sahne
- 250 g Mehl

Für den Vanillequark und die Honig-Erdbeeren

- 2 P. Vanille-Saucenpulver
- 75 g Zucker
- 1/2 l Milch
- 250 g Sahnequark
- 500 g Erdbeeren
- 2 EL Honig
- einige Spritzer Zitronensaft
- Pistazienkerne nach Belieben

Tipp

Optisch besonders wirkungsvoll ist es, wenn bei einigen Erdbeeren das Grün nicht entfernt wird und Sie diese dann dekorativ auf die Waffeln legen.

Zutaten

- 2 frische Eier
- 1 Prise Salz
- 3 EL Speiseöl
- 2 TL Ahornsirup
- 275 ml Buttermilch
- 250 g Mehl
- 3 TL Backpulver
- Ahornsirup nach Belieben

Amerikanische Waffeln mit Ahornsirup

1. Die Eier mit dem Salz, dem Öl, dem Ahornsirup und der Buttermilch verrühren.

2. Das Mehl mit dem Backpulver vermischen, sieben und portionsweise unter die Eiermasse rühren.

3. Das Waffeleisen aufheizen, einfetten, goldgelbe Waffeln backen und noch heiß mit Ahornsirup beträufelt servieren.

- *Für etwa 9 Waffeln*

Zubereitungszeit: ca. 30 Min.

Haferflockenwaffeln

Zutaten

- 125 g kernige Haferflocken
- ca. 1/4 l Buttermilch
- 1 EL Akazienhonig
- 100 g weiche Butter
- 2 Eier
- etwas abgeriebene Schale von 1 unbehandelten Zitrone
- 1 Prise Salz

Für etwa 6 Waffeln
Zubereitungszeit: ca. 20 Min. + 2 Std. Quellzeit

1. Die Haferflocken mit der Buttermilch übergießen und mindestens 2 Stunden quellen lassen.

2. Honig und Butter darunter rühren, die Eier darunter heben. Alles verkneten, bis der Teig zähflüssig ist, bei Bedarf noch etwas Buttermilch untermischen. Danach mit Zitronenschale und Meersalz abschmecken.

3. Das Waffeleisen einfetten und goldbraune Waffeln backen. Diese noch heiß servieren.
(auf dem Foto: oben)

Variation

Dazu passt ein leichter Obstsalat, bestehend zum Beispiel aus Äpfeln, Bananen, Birnen und Kiwi. Mit Zitronensaft, etwas Vanillezucker und Rum abschmecken, gut durchziehen lassen und mit Mandelblättchen garnieren.

Buchweizenwaffeln

Zutaten

- 40 g Hefe
- 300 ml Milch
- 250 g Buchweizenmehl
- 100 g Weizenmehl
- 2 Eigelb
- 2 TL Honig
- 1 Prise Salz
- 2 Eiweiß

1. Die Hefe in der lauwarmen Milch auflösen, das Buchweizenmehl darin verrühren, abdecken und etwa 1 Stunde gehen lassen.

2. Weizenmehl, Eigelbe, Honig und Salz dazugeben. Alles gut verrühren, abdecken und noch einmal ca. 30 Minuten gehen lassen.

3. Die Eiweiße steif schlagen und vorsichtig unter den Teig heben. Waffeln wie gewohnt ausbacken.
(auf dem Foto: unten)

Variation

In Butter gebratene Zimtäpfel dazu servieren. Dazu die noch heißen fettigen Apfelhälften mit Zitronensaft, Honig und Zimt bestreichen.

Für etwa 8 Waffeln
Zubereitungszeit: ca. 25 Min. + 1 1/2 Std. Gehzeit

Dinkelwaffeln mit roter Grütze

1. Die Butter mit dem Honig, dem Vanillepulver und dem Salz kräftig verrühren. Die Eier nach und nach dazugeben. Dann abwechselnd portionsweise das Mehl und die Milch darunter rühren.

2. Das Waffeleisen aufheizen, eventuell einfetten und aus dem Teig goldbraune Waffeln backen. Die fertigen Waffeln auf ein Kuchengitter legen.

3. Für die rote Grütze zunächst das Puddingpulver und 3 EL Wasser klümpchenfrei verrühren. Das restliche Wasser zusammen mit der TK-Beerenmischung, dem Zitronensaft, Zimt und Honig aufkochen und das angerührte Puddingpulver vorsichtig einrühren. Alles erneut aufkochen lasse.

4. Die Waffeln mit Puderzucker bestreuen und die Grütze warm oder kalt dazu servieren.

Zutaten

- 150 g weiche Butter
- 150 g Honig
- 1 Msp. Vanillepulver
- 1 Prise Salz
- 3 frische Eier
- 250 g Dinkelvollkornmehl
- 100 ml Milch
- Puderzucker nach Belieben

Für die rote Grütze

- 3 EL Vanille-Puddingpulver
- 120 ml Wasser
- 300 g TK-Beerenmischung
- etwas Zitronensaft
- 1 Msp. Zimt
- 2 EL Honig

Tipp

Wenn keine Kinder mitessen, kann die rote Grütze mit einem Schuss Rotwein verfeinert werden.

Für etwa 8 Waffeln
Zubereitungszeit: ca. 45 Min.

Zutaten

- 6 frische Eigelb
- 200 g saure Sahne
- 2 EL Rum
- 250 g Mehl
- 6 frische Eiweiß
- Puderzucker nach Belieben

Für die Zimtäpfel

- 3 mürbe säuerliche Äpfel
- 3 EL Butter
- Saft von 1 Zitrone
- 2 EL Honig
- 1 TL Zimtpulver

Saure-Sahne-Waffeln mit Zimtäpfeln

Tipp

Wenn Kinder mitessen, ersetzen Sie den Rum durch 1/2 Teelöffel Backpulver.

1. Die Eigelbe mit der sauren Sahne schaumig schlagen. Den Rum hinzufügen. Nach und nach das gesiebte Mehl unterrühren.

2. Die Eiweiße steif schlagen und unter den Teig heben. Waffeln wie gewohnt ausbacken und mit Puderzucker bestreuen.

3. Die Äpfel halbieren und entkernen. Die Butter in einer Pfanne erhitzen und die Äpfel mit der Schnittfläche nach unten darin braten.

4. Äpfel herausnehmen, mit Zitronensaft beträufeln und mit Honig bestreichen. Zimt drüberstreuen und warm zu den Waffeln reichen.

■ *Für etwa 9 Waffeln*
Zubereitungszeit: ca. 1 Std.

Zutaten

- 200 g Butter oder Margarine (z. B. Sanella)
- 75 g Zucker
- 1 P. Vanillezucker
- 1 Prise Salz
- 6 Eier
- 300 g Mehl
- 2 TL Backpulver
- 200 ml Sahne

Sonntagswaffeln

1. Die Butter oder Margarine mit Zucker, Vanillezucker und Salz cremig schlagen. Nach und nach die Eier unterrühren. Mehl und Backpulver mischen und mit der Sahne gleichmäßig unterheben.

2. Waffeleisen vorheizen, leicht fetten und Masse goldgelb ausbacken.

3. Mit Puderzucker, Sahne und Früchten der Saison servieren.

■ *Für etwa 10 Waffeln*
Zubereitungszeit: ca. 30 Min.

Butterwaffeln mit Kirschen und Schokosahne

Zutaten

- 150 g Weizenmehl
- 20 g Speisestärke
- 3 Eier
- 120 g weiche Butter
- 80 g Zucker
- 1 P. Vanillezucker

Für Kirschen und Schokosahne

- 1 Glas Sauerkirschen
- 30 g Zucker
- 10 g Speisestärke
- 200 g Sahne
- 4 EL Schokoladensirup

■ *Für etwa 8 Waffeln*
Zubereitungszeit: ca. 1 Std.

1. Weizenmehl und Stärke mischen. Eier, weiche Butter, Zucker und Vanillezucker dazugeben und zu einem glatten Teig verarbeiten.

2. Sauerkirschen in ein Sieb schütten, den Saft dabei auffangen, mit Zucker süßen, in einem kleinen Topf erhitzen und mit angerührter Speisestärke abbinden. Anschließend die Kirschen hinzufügen.

3. Sahne und Schokoladensirup aufschäumen. Dann den Waffelteig wie gewohnt goldbraun ausbacken.

4. Mit Kirschen und aromatisierter Schokosahne anrichten und mit Zitronenmelisse garnieren.

Nuss-Schoko-Waffeln mit Schokoladencreme

Zutaten

- 200 g Butter
- 4 frische Eier
- 200 g Zucker
- 150 g Mehl
- 150 g Speisestärke
- 1 TL Backpulver
- 5 EL Milch
- 50 g gemahlene Haselnüsse
- 50 g geriebene Zartbitterschokolade

Für die Schokoladencreme

- 200 g Nougat
- 200 g Zartbitterschokolade
- 4 EL Rum
- 250 g Sahne

1. Für die Schokoladencreme Nougat und Schokolade im warmen Wasserbad auflösen. Rum und Sahne darunter schlagen und die Schokoladencreme abkühlen lassen.

2. Inzwischen für die Waffeln die Butter cremig rühren. Eier und Zucker hinzufügen und alles gut vermischen.

3. Mehl, Speisestärke und Backpulver mischen, sieben und zum Teig geben, danach die Milch, die Nüsse und die Schokolade. Alles kräftig miteinander verrühren.

4. Waffeleisen vorheizen, gut einölen und die Masse mittelbraun ausbacken. Die Schokoladencreme als Dip zu den warmen Waffeln reichen. (auf dem Foto S. 31)

Für etwa 15 Waffeln
Zubereitungszeit: ca. 1 Std.

Variation

Garnieren Sie die Waffeln zusätzlich mit frischen Johannisbeeren, Erdbeeren oder Himbeeren und bestäuben Sie alles mit einem Hauch Puderzucker.

Schokoladenwaffeln

1. Das Fett mit dem Vanillezucker, dem Zucker und den Eiern cremig rühren. Mehl, Stärkemehl und Backpulver mischen und mit der Milch darunter rühren.

2. Mandeln und Schokolade dazugeben und alles zu einem lockeren Teig verrühren.

3. Waffeleisen vorheizen, leicht fetten und die Masse goldgelb ausbacken.

Zutaten

- 125 g Butter oder Margarine
- 1 P. Vanillezucker
- 125 g Zucker
- 4 Eier
- 150 g Mehl
- 150 g Stärkemehl
- ½ TL Backpulver
- 8 EL Milch
- 50 g gehackte Mandeln
- 50 g geriebene Blockschokolade

Tipp

Gut dazu passt Schokosahne (Rezept S. 29), garniert mit Mandelstiften und Zitronenmelisse.

Für etwa 9 Waffeln
Zubereitungszeit: ca. 40 Min.

Hefewaffeln mit Obstsalat und Sahne

Zutaten

- 375 g Mehl
- ½ Würfel Hefe
- 75 g Zucker
- 1 Prise Salz
- 4 frische Eier
- 150 g zerlassene Butter
- 125 g saure Sahne

Für den Obstsalat mit Sahne

- 2 gewürfelte Äpfel
- 2 in Scheiben geschnittene Bananen
- Saft von 2 Zitronen
- 2 klein geschnittene Orangen
- 2 gewürfelte Birnen
- 4 gewürfelte Kiwis
- 2 Schuss Kirschwasser oder Rum
- etwas Vanillezucker
- 4 EL Mandelblättchen
- 2 EL Zucker
- Mark von ½ Vanilleschote
- etwas abgeriebene Schale von 1 unbehandelte Zitrone
- 250 g Sahne

1. Die Hälfte des Mehls in eine Schüssel sieben. In die Mitte eine Mulde drücken und die Hefe hineinbröckeln. Die Hefe mit 100 ml lauwarmem Wasser, etwas Zucker und etwas Mehl zu einem Vorteig anrühren und etwa 15 Minuten gehen lassen.

2. Den Vorteig mit dem restlichen Mehl, Zucker, Salz, Eiern, Butter und saurer Sahne zu einem glatten Teig verrühren. Alles 30 Minuten gehen lassen.

3. Das Waffeleisen aufheizen, eventuell einfetten und anschließend goldgelbe Waffeln backen.

4. Für den Obstsalat die Apfelwürfel und die Bananenscheiben mit Zitronensaft beträufeln und zusammen mit dem restlichen Obst und dem Alkohol in eine Schüssel geben und gut mischen. Das Ganze mit Vanillezucker abschmecken und etwa 15 Minuten ziehen lassen. Dann die Mandeln darüberstreuen.

5. Für die Sahne Zucker, Vanillemark und Zitronenschale mischen. Die Sahne steif schlagen und den Vanillezucker dabei einrieseln lassen. Obstsalat und Sahne zu den Waffeln servieren.

■ *Für etwa 8 Waffeln*
Zubereitungszeit: ca. 1½ Std.

Variation

Die Früchte können je nach Saison variieren. Sie können sie zum Beispiel im Frühsommer gegen Beeren aller Art austauschen. Im Winter dagegen kann der Obstsalat mit Zimt und Rum verfeinert werden.

Aniswaffeln

Zutaten

- 150 g Butter
- 70 g Zucker
- 3 Eigelb
- 200 g Mehl
- 1 TL Backpulver
- 3/8 l Milch
- 1/2 TL Anispulver
- 1 Prise Salz
- 3 Eiweiß

1. Butter, Zucker und Eigelbe cremig rühren. Das Mehl mit dem Backpulver und die Milch dazugeben. Alles gut miteinander verrühren.

2. Den Anis zusammen mit dem Salz zum Teig geben, gut darunter mischen und dann 15 Minuten ruhen lassen.

3. Die Eiweiße steif schlagen, vorsichtig unter den Teig ziehen. Waffeleisen vorheizen, leicht fetten und Masse goldgelb ausbacken. Mit Puderzucker bestäuben.
(auf dem Foto oben)

■ *Für etwa 13 Waffeln*
Zubereitungszeit: ca. 40 Min.

Zimtwaffeln mit Vanillesahne

Zutaten

- 100 g Butter
- 3 EL Zucker
- 1 TL Zimt
- 5 EL Milch
- 3 Eier
- 1 Prise Salz
- 200 g Mehl
- 2 TL Backpulver
- 2 EL Zucker
- Mark von 1/2 Vanilleschote
- etwas abgeriebene Schale von 1 unbehandelten Zitrone
- 250 g Sahne

1. Butter, Zucker und Zimt vermischen und cremig rühren. Milch, Eier und Salz dazugeben. Das Mehl mit dem Backpulver mischen und unterrühren.

2. Das Waffeleisen vorheizen und einfetten. Waffeln wie gewohnt ausbacken.

3. Für die Sahne Zucker, Vanillemark und Zitronenschale mischen. Die Sahne steif schlagen und den Vanillezucker dabei einrieseln lassen. Zu den Waffeln servieren.

■ *Für etwa 6 Waffeln*
Zubereitungszeit: ca. 25 Min.

Walnusswaffeln

Zutaten

- 125 g Butter
- 50 g Zucker
- 3 Eier
- 4 EL Milch
- 75 g gemahlene Walnüsse
- 125 g Mehl
- ½ TL Backpulver

1. Die Butter cremig rühren. Nach und nach Zucker, Eier, Milch, Nüsse und Mehl mit Backpulver zum Teig geben. Alles gut miteinander verrühren.

2. Das Waffeleisen vorheizen, einölen und goldgelbe Waffeln backen.

■ *Für etwa 7 Waffeln*
Zubereitungszeit: ca. 30 Min.

■ ■ ■ Tipp

Gut dazu passen Eierlikörsahne (Rezept S. 14) oder Vanillesahne (Rezept S. 34). Das Foto zeigt die Walnuss-Waffel mit Vanillesahne, garniert mit Minzezweig, Zitronenachtel und Vanilleschote.

Tiramisuwaffeln

Zutaten

- 3 frische Eier
- 2 frische Eigelb
- 150 g Zucker
- 2 P. Vanillezucker
- 75 g zerlassene Butter
- 100 g Mehl
- 75 g Speisestärke
- 1 TL Backpulver

Für die Mascarponecreme

- 3 frische Eigelb
- 100 g Zucker
- 200 g Mascarpone

Zum Tränken

- 4 EL starker Kaffee
- 2 EL Weinbrand
- 1 EL Amaretto

1. Für die Mascarponecreme die Eigelbe mit dem Zucker in einem warmen Wasserbad solange schaumig rühren, bis der Zucker gelöst ist. Den Mascarpone unterziehen und die Creme in den Kühlschrank stellen.

2. Für die Waffeln die Eier und die Eigelbe schaumig rühren, den Zucker und Vanillezucker portionsweise dazugeben. Dann die Butter unterheben. Mehl, Stärke und Backpulver mischen und nach und nach einrühren.

3. Das Waffeleisen vorheizen, einölen und goldgelbe Waffeln backen. Abkühlen lassen und in Herzen trennen.

4. Kaffee, Weinbrand und Amaretto verrühren und die Oberseite der Waffelherzen damit tränken. Die Hälfte der Mascarponecreme mit einem Teelöffel auf die Hälfte der Herzen streichen.

5. Die restlichen Herzen mit der getränkten Seite auf die Mascarponeherzen legen. Die restliche Creme auf den Waffeln verteilen und mit etwas Kakaopulver bestäubt servieren.

■ *Für etwa 8 Waffeln (20 Doppelherzen)*
Zubereitungszeit: ca. 1 1/2 Std.

Variation

Etwas kalorienärmer wird dieses Rezept, wenn sie statt des Mascarpone Vanillequark (Rezept S. 22) verarbeiten.

Tipp

Da die Eier hierbei roh verarbeitet werden, ist eine schnelle Zubereitung von ausschließlich frischen Eiern besonders wichtig. Außerdem sollten die Waffeln nicht länger als einen Tag im Kühlschrank aufbewahrt werden!

Rumwaffeln

Zutaten

- 220 g Zucker
- 4 frische Eier
- 200 g Butter
- etwas abgeriebene Schale von 1 unbehandelten Zitrone
- 125 g Mehl
- 125 g Stärkemehl
- 2 Schuss Rum

1. Zucker, Eier und Butter cremig rühren. Die Zitronenschale hinzufügen.

2. Nach und nach Mehl und Stärkemehl dazugeben. Den Teig solange rühren, bis er leicht dickflüssig ist.

3. Den Rum darunter mischen.

4. Das Waffeleisen aufheizen, eventuell einfetten und anschließend goldgelbe Waffeln backen.

Für etwa 8 Waffeln
Zubereitungszeit: ca. 25 Min.

Variation

Zu gleichen Teilen Haselnüsse und Schokoraspel mit etwas Rum, Zucker und Hüttenkäse mischen und zu den Waffeln reichen.

Weißweinwaffeln

Zutaten
- 65 g Butter
- 4 EL Zucker
- 5 Eigelb
- 160 g Mehl
- 1 El süße Sahne
- 1/8 l trockener Weißwein
- 5 Eiweiß

1. Die Butter mit dem Zucker und den Eigelben cremig rühren. Mehl und Sahne hinzufügen und unter ständigem Rühren den Weißwein zugeben. Alles schaumig rühren.

2. Die Eiweiße steif schlagen und vorsichtig unter den Teig heben. Das Waffeleisen aufheizen, eventuell einfetten und anschließend goldgelbe Waffeln backen. (auf dem Foto: oben)

Für etwa 7 Waffeln
Zubereitungszeit: ca. 20 Min.

Variation
350 g pürierte Erdbeeren unter 250 g Schlagsahne ziehen und zu den noch warmen Waffeln reichen.

Rotweinwaffeln

Zutaten
- 75 g Butter
- 75 g Zucker
- 2 Msp. Zimt
- 5 frische Eier
- 160 g Mehl
- 2 EL Schokoraspel
- 1/8 l trockener Rotwein

Tipp
Sehr gut dazu passt Schokoladencreme (Rezept S. 30) garniert mit Mandelstiften.

1. Die Butter mit Zucker und Zimt cremig rühren. Die Eier trennen, die Eigelbe dazugeben.

2. Das Mehl, die Schokoraspel und den Wein unterrühren. Alles zu einem glatten Teig verarbeiten. Die Eiweiße steif schlagen und vorsichtig unterheben.

3. Das Waffeleisen aufheizen, eventuell einfetten und goldgelbe Waffeln backen. (auf dem Foto: unten)

Für etwa 9 Waffeln
Zubereitungszeit: ca. 25 Min.

Preiselbeer-Sahne-Torte

Zutaten

- 1 frisches Ei
- 2 frische Eigelb
- 75 g Zucker
- 1 P. Vanillezucker
- 1 Prise Salz
- 3 EL Speiseöl
- 75 g Mehl
- 1 TL Kakao
- 1 Msp. Zimt
- 1/2 TL Backpulver
- 1–2 EL Portwein

Für die Füllung

- 2 TL Zucker
- 1 P. Sahnesteif
- 200 g Sahne
- 200 g angedickte Preiselbeeren

1. Für die Waffeln Ei und Eigelbe schaumig rühren. Zucker, Vanillezucker und Salz mischen und alles nach und nach unterrühren, bis ein stabiler Schaum entstanden ist.

2. Das Öl zugeben. Gut verrühren. Das Mehl mit dem Kakao, Zimt und Backpulver mischen, sieben und portionsweise unterrühren.

3. Das Waffeleisen aufheizen, eventuell einfetten und anschließend goldgelbe Waffeln backen. Abkühlen lassen und gleichmäßig mit dem Portwein beträufeln.

4. Für die Füllung Zucker und Sahnesteif vermischen, die Sahne anschlagen, dann steif schlagen und dabei Zucker und Sahnesteif einrieseln lassen.

5. Auf eine Waffel erst ein Drittel der Preiselbeeren, dann ein Drittel der Sahne streichen. Die zweite Waffel auflegen und genauso bestreichen.

6. Die letzte Waffel obenauf legen und die Torte mit den restlichen Preiselbeeren und der Sahne verzieren.

Für etwa 3 Waffeln
Zubereitungszeit: ca. 1 Std.

Variation

Ebenfalls sehr gut als Füllung eignet sich übrigens Pflaumenmus – dann sollten die Waffeln jedoch anstatt des Portweins mit Pflaumenlikör beträufelt werden.

Tipp

Natürlich kann der Waffelturm nach Belieben erhöht werden. Dann müssen sich die Mengenangabe ebenfalls entsprechend verändern.

Zutaten

- 125 g Magerquark
- 60 g zerlassene Butter
- 3 EL Zucker
- etwas abgeriebene Schale von 1 unbehandelten Zitrone
- 150 g Mehl
- 1/8 l Milch
- 3 frische Eier

Für die Himbeersahne

- 350 g frische oder TK-Himbeeren
- etwas Vanillezucker
- 250 g Sahne
- 1 Schuss Himbeergeist

Quarkwaffeln mit Himbeersahne

1. Für die Waffeln den Magerquark mit der zerlassenen Butter verrühren, dabei den Zucker und die Zitronenschale einrieseln lassen. Nach und nach das gesiebte Mehl und die Milch unterrühren. Die Eier trennen und die Eigelbe untermischen.

2. Die Eiweiße sehr steif schlagen und dann vorsichtig unter den Teig heben. Das Waffeleisen aufheizen, eventuell etwas einfetten und anschließend knusprige, goldgelbe Waffeln backen.

3. Für die Himbeersahne die Himbeeren putzen und waschen oder auftauen. Sie dann pürieren und durch ein Sieb streichen. Mit Vanillezucker abschmecken.

4. Die Sahne steif schlagen, das Himbeermus und den Himbeergeist unterziehen und die Himbeersahne auf den Waffeln verteilen.

Für etwa 7 Waffeln
Zubereitungszeit: ca. 55 Min.

Tipp
Übrig gebliebene frische Himbeeren einfach mit zur Dekoration auf der Waffel verteilen.

Marzipanwaffeln mit Kirschen

1. Für die Waffeln das Marzipan in eine Schüssel sieben. Esslöffelweise die Sahne einarbeiten. Dann den Amaretto zugeben.

2. Nach und nach die Eier unterrühren. Zucker, Vanillezucker und Salz mischen und mit dem Öl kurz unterrühren. Das Mehl sieben und unter die Masse geben.

3. Das Waffeleisen aufheizen, eventuell einfetten und anschließend goldgelbe Waffeln backen.

4. Für das Kirschkompott die Schattenmorellen abtropfen lassen, dabei den Saft auffangen. Das Puddingpulver mit dem Zucker vermischen und mit 2 bis 3 EL Kirschsaft glatt rühren.

5. Den restlichen Kirschsaft und den Orangensaft zum Kochen bringen. Den Topf vom Herd nehmen und das angerührte Puddingpulver dazugeben.

6. Den Saft erneut aufkochen lassen und die Kirschen unterheben. Die Waffeln dann mit Puderzucker bestreuen und mit den Kirschen zusammen servieren.

Tipp

Die Waffeln schmecken noch stärker nach Marzipan, wenn sie mit nur 50 g Mehl zubereitet werden. Der Teig ist dann jedoch mürber und die Waffeln brechen leichter.

Zutaten

- 200 g Marzipanrohmasse
- 100 g Sahne
- 1 EL Amaretto
- 4 frische Eier
- 75 g Zucker
- 1 P. Vanillezucker
- 1 Prise Salz
- 150 ml Speiseöl
- 75 g Mehl
- Puderzucker nach Belieben

Für das Kirschkompott

- 350 g Schattenmorellen
- 4 EL Vanille-Puddingpulver
- 2 EL Zucker
- 2 EL Orangensaft

Für etwa 9 Waffeln
Zubereitungszeit: ca. 45 Min.

Orangen-Waffeltürme

Zutaten

- 4 frische Eier
- 1 Prise Salz
- 150 g Zucker
- 1 P. Vanillezucker
- 150 ml Speiseöl
- 100 g Mehl
- 100 g Speisestärke
- 1 TL Backpulver

Für die Füllung

- 3 Orangen
- 4 Blatt Gelatine
- 250 g Magerquark
- 100 g Zucker
- Saft von ½ Zitrone
- 100 ml Orangensaft
- 200 g Sahne
- zum Garnieren einige Blättchen Zitronenmelisse

1. Für die Waffeln die Eier mit dem Salz und 2 EL heißem Wasser schaumig rühren. Nach und nach den Zucker und den Vanillezucker einrieseln lassen. So lange rühren, bis der Zucker fast gelöst ist.

2. Unter Rühren langsam das Öl zufügen. Das Mehl mit der Speisestärke und dem Backpulver vermischen, sieben und portionsweise ebenfalls unterrühren.

3. Das Waffeleisen aufheizen, eventuell einfetten und anschließend goldgelbe Waffeln backen. Diese auf einem Kuchengitter gut abkühlen lassen.

4. Für die Füllung inzwischen die Orangen filetieren. 9 Orangenfilets zurückbehalten, die restlichen Filets in kleine Stücke schneiden. Die Gelatine in etwas kaltem Wasser einweichen.

5. Quark, Orangenstückchen, Zucker, Zitronen- und Orangensaft verrühren. Die Gelatine ausdrücken, auflösen und unter die Masse geben. Den Quark in den Kühlschrank stellen und etwas gelieren lassen.

Für etwa 9 Waffeltürme
Zubereitungszeit: ca. 1½ Std. + 3 Std. Gelierzeit

6. Inzwischen die Waffeln in Herzen trennen. Die Sahne steif schlagen, unter die Quarkmasse heben und eventuell kurz wieder kalt stellen. Jedes Waffelherz mit Quarkmasse bestreichen und immer 5 Herzen übereinander stapeln.

7. Die Waffeltürme etwa 3 Stunden in den Kühlschrank stellen und die Creme gelieren lassen. Auf die oberste Waffel jeweils ein Orangenfilet legen, mit Zitronenmelisse und eventuell Orangenzesten garnieren.

Variation

Sie können mit den gleichen Zutaten auch 3 Waffeltorten zubereiten, wenn Sie anstatt der einzelnen Herzen die ganzen Waffeln mit Creme bestreichen und jeweils drei übereinander stapeln.

Tipp

Wenn keine Kinder mitessen, können Sie zusätzlich 2 bis 3 EL Grand Marnier in die Quarkcreme rühren.

Süße Waffeln kennt jeder. Doch auch Käse, Gemüse, Schinken und verschiedene Kräuter vertragen sich vorzüglich mit den heißen Herzen. Die folgenden Rezepte sorgen bestimmt für viele Neuentdeckungen.

Pikante Waffeln

Zutaten

- 450 g Kartoffeln
- 1 Zwiebel
- 3 frische Eier
- 1 TL Salz
- etwas Pfeffer
- 2 EL saure Sahne
- 75 g Mehl

Für das Apfelkompott

- 1 kg Äpfel
- 100 g Zucker
- Saft von 1 Zitrone
- 1 Msp. Zimt

Kartoffelwaffeln mit Apfelkompott

Tipp

Wenn keine Kinder mitessen, können Sie das Apfelkompott zusätzlich mit 50 ml Weißwein kochen.

1. Für das Apfelkompott die Äpfel waschen, schälen, vierteln, das Kerngehäuse entfernen und das Fruchtfleisch in etwa 1 cm große Stücke schneiden.

2. Die Äpfel mit 1/4 l Wasser und den restlichen Zutaten für das Kompott in einen Topf geben und bei mittlerer Hitze etwa 10 Minuten weich dünsten.

3. Die Äpfel abgießen und dabei den Sud auffangen. Mit einem Kartoffelstampfer die Äpfel zerstampfen, sodass noch einige Stücke zu sehen sind. Nach Belieben noch etwas von dem Sud darunter rühren.

4. Für die Waffeln die Kartoffeln schälen, waschen und fein reiben. Die Zwiebel schälen und fein würfeln

5. Alle Zutaten bis auf das Mehl vermischen. Dann das Mehl sieben und unterrühren.

6. Das Waffeleisen aufheizen, eventuell einfetten und goldgelbe Waffeln backen. Mit dem Kompott servieren.

Für etwa 6 Waffeln
Zubereitungszeit: ca. 45 Min.

Currywaffeln

Zutaten

- 125 g Butter
- 4 Eier
- 240 g Mehl
- 2 TL Backpulver
- knapp 1/3 l Buttermilch
- 1 Prise Salz
- 1/2 TL Curry

1. Butter und Eier cremig rühren. Mehl und Backpulver vermischen und abwechselnd mit der Buttermilch zum Teig geben. Alles gut verrühren.

2. Zum Schluss Salz und Curry unter den Teig heben.

3. Das Waffeleisen vorheizen, gut einölen und goldgelbe Waffeln backen.
(auf dem Foto: rechts)

■ *Für etwa 11 Waffeln*
Zubereitungszeit: ca. 25 Min.

■ ■ ■ Variation

Reichen Sie dazu zum Beispiel Gorgonzolacreme aus 150 g Gorgonzola und 50 g Sahnequark, abgeschmeckt mit Salz, Pfeffer, etwas Zitronensaft und einigen fein gehackten Walnüssen.

Kümmelwaffeln

1. Das gesamte Mehl mit dem Backpulver mischen. Eier, Milch, Salz, Kümmel und Tabascosauce dazugeben.

2. Alles zu einem weichen Teig verrühren. Mindestens 20 Minuten quellen lassen.

3. Das Waffeleisen aufheizen, eventuell einfetten und goldgelbe Waffeln backen.
(auf dem Foto: links)

■ ■ ■ Variation

Sehr gut dazu passt eine Frischkäsemischung, mit wenig Butter verrührt. Etwas gewürfelte Salami und einige Oliven darunterziehen, mit Salz, Pfeffer und Knoblauch abschmecken.

Zutaten

- 100 g Weizenvollkornmehl
- 150 g Roggenmehl
- 1 TL Backpulver
- 2 Eier
- 1/4 l Milch
- 1/2 TL Salz
- 1/2 TL gemahlener Kümmel
- 4 Tropfen Tabascosauce

■ *Für etwa 8 Waffeln*
Zubereitungszeit: ca. 20 Min.
+ 20 Min. Quellzeit

Käsewaffeln

Zutaten

- 200 g Mehl
- 4 frische Eier
- 200 g Butter oder Margarine (z. B. Sanella Spezial)
- 1 TL Backpulver
- 150 g geriebener Emmentaler
- 3 EL gehackte Kräuter nach Belieben

1. Das Fett, die Eier und das Salz cremig rühren.

2. Das Mehl mit dem Backpulver mischen, durch ein Sieb streichen und zusammen mit Käse und Kräutern esslöffelweise unter den Teig geben.

3. Das Waffeleisen aufheizen, eventuell einfetten und anschließend goldgelbe Waffeln backen. Diese warm servieren.
(auf dem Foto S. 51)

Für etwa 8 Waffeln
Zubereitungszeit: ca. 35 Min.

Variation

Sehr gut dazu schmecken Kräuterquark mit Tomatenwürfeln verfeinert oder gebratene Zwiebelringe.

Olivenwaffeln

Zutaten

- 125 g Butter
- 3 frische Eier
- 250 g Mehl
- 1 TL Backpulver
- 1 Prise Salz
- 1/8 l kühle Gemüsebrühe
- 60 g fein gewürfelte Oliven
- 50 g fein gehackte Cashewnüsse
- 5 EL geriebener Gouda

1. Butter und Eier cremig rühren. Mehl, Backpulver und Salz mischen und abwechselnd mit der Brühe unterrühren.

2. Oliven, Nüsse und Käse unter den Teig mischen. Das Waffeleisen aufheizen, enventuell einfetten und goldgelbe Waffeln backen.

Für etwa 8 Waffeln
Zubereitungszeit: ca. 40 Min.

Käsewaffeln mit Apfelquark

■ *Für etwa 9 Waffeln*
Zubereitungszeit: ca. 40 Min.

■ ■ ■ Tipp
Man kann die Äpfel auch reiben und einen Apfel durch eine geriebene Möhre ersetzen. Anstelle des Schnittlauchs dann aber lieber Dill und Frühlingszwiebeln verwenden!

Zutaten

- 125 g Butter
- 250 g Mehl
- ½ TL Backpulver
- ½ TL Salz
- 500 ml Milch
- 4 frische Eier
- 200 g geriebener Gouda oder Butterkäse

Für den Quark

- 2 gewürfelte Äpfel
- 1 EL Butter
- 1 EL Honig
- 250 g Quark
- Salz
- Cayennepfeffer
- ½ Bund Schnittlauch

1. Die Butter schmelzen. Mehl, Backpulver und Salz vermischen und mit der Milch und den Eiern zu einem glatten Teig verrühren. Die geschmolzene Butter und den Käse unterziehen.

2. Für den Quark die Äpfel mit Butter und Honig 2 bis 3 Minuten in einem flachen Topf dünsten.

3. Äpfel und Quark vermischen und mit den Gewürzen abschmecken. Den Schnittlauch in feine Röllchen schneiden und den Quark damit bestreuen.

4. Das Waffeleisen aufheizen, eventuell einfetten und anschließend goldgelbe Waffeln backen. Den Quark dazu servieren.

Gefüllte Käsewaffeln

Zutaten

- 4 frische Eier
- 100 ml Öl
- 50 ml Olivenöl
- 100 ml Milch
- 75 g geriebener Emmentaler
- 50 g geriebener Parmesan
- 1 TL Salz
- ½ TL Kümmel
- Pfeffer
- etwas Paprikapulver, edelsüß
- 150 g Mehl
- 1 TL Backpulver

Für die Füllung

- 400 g Frischkäse
- 100 ml Milch
- etwas Salz
- etwas schwarzer Pfeffer

Für die Garnitur

- 3 EL fein gehackte Petersilie
- Paprikapulver, edelsüß nach Belieben

Tipp

Und optisch sehr schön ist es, wenn zwischen die einzelnen Waffelherzen unter die Cremefüllung noch Salatblätter gelegt werden.

1. Für die Waffeln Eier, Öl, Olivenöl und Milch verrühren. Den Emmentaler, den Parmesan und die Gewürze untermengen.

2. Das Mehl mit dem Backpulver mischen, sieben und alles unter die Milchmischung rühren. Das Waffeleisen aufheizen, eventuell einfetten und anschließend goldgelbe Waffeln backen.

3. Für die Füllung den Frischkäse und die Milch verrühren und mit Salz und Pfeffer abschmecken.

4. Die Waffeln in Herzen trennen. Jedes Herz mit Füllung bestreichen und jeweils 2 aufeinander legen.

5. Die Füllung am Rand mit etwas Petersilie bestreuen und die Waffeln mit Paprikapulver bestäuben.

Für etwa 7 Waffeln (17 Doppelwaffeln)
Zubereitungszeit: ca. 1 Std.

Scharfe Kümmelwaffeln mit Parmesan

Zutaten

- 100 g Weizenvollkornmehl
- 150 g Roggenvollkornmehl
- 1 TL Backpulver
- 2 frische Eier
- 1/4 l Milch
- 1 Prise Salz
- 1/2 TL gemahlener Kümmel
- 4 Tropfen Tabascosauce
- 150 g geriebener Parmesan

1. Das Weizen- und Roggenvollkornmehl mit dem Backpulver gut vermischen.

2. Eier, Milch, Salz, Kümmel und Tabasco dazugeben und zu einem weichen Teig verrühren. Mindestens 20 Minuten quellen lassen.

3. Das Waffeleisen aufheizen, eventuell einfetten und anschließend goldgelbe Waffeln backen.

4. Mit Parmesan bestreuen und Kräutern ausgarnieren. Noch warm servieren.
(auf dem Foto S. 55)

■ *Für etwa 8 Waffeln*
Zubereitungszeit: ca. 20 Min. + 20 Min. Quellzeit

Sesamwaffeln mit Gorgonzola

1. Die Butter mit den Eiern cremig rühren. Mehl, Backpulver und Salz mischen und sieben. Die Mischung abwechselnd mit der Milch zugeben und alles zu einem Teig rühren. Sesam unterheben.

2. Das Waffeleisen aufheizen, eventuell einfetten und anschließend goldgelbe Waffeln backen.

3. Den Gorgonzola mit einer Gabel zerdrücken und mit dem Quark und dem Zitronensaft glatt rühren.

4. Alles mit Salz und Pfeffer abschmecken und die Nüsse unterheben. Zu den noch warmen Waffeln reichen.

■ *Für etwa 10 Waffeln*
Zubereitungszeit: ca. 1 Std.

Zutaten

- 100 g Butter
- 3 frische Eier
- 250 g Mehl
- 1 TL Backpulver
- etwas Salz
- 1/8 l Milch
- 100 g Sesam

Für die Gorgonzolacreme

- 300 g Gorgonzola
- 100 g Sahnequark
- 1 TL Zitronensaft
- 1 Prise Salz
- etwas weißer Pfeffer
- 6 Walnüsse, fein gehackt

Zutaten

- 100 g Margarine oder Butter
- 3 Eier
- ½ TL Salz
- 1 Msp. Backpulver
- 250 g Mehl
- knapp ¼ l Wasser
- 100 g geriebener mittelalter Gouda
- 2 EL gehackte Petersilie
- 250 g Frischkäse (z. B. Tomate-Paprika von Yofresh)
- 200 g luftgetrockneter Schinken
- 12 Sherrytomaten
- glatte Petersilie zum Garnieren

Käse-Kräuter-Waffeln mit Frischkäse und Schinken

1. Butter oder Margarine mit den Eiern und Salz schaumig schlagen. Das mit Backpulver gemischte Mehl und Wasser gleichmäßig unterrühren.

2. Käse und Petersilie hinzufügen.

3. Das Waffeleisen aufheizen, eventuell einfetten und anschließend knusprig-braune Waffeln backen.

4. Die Waffeln jeweils mit einem Klacks Frischkäse und dem Schinken anrichten. Mit Tomatenhälften und glatter Petersilie garniert servieren.

Für etwa 12 Waffeln
Zubereitungszeit: ca. 40 Min.

Tipp

Wenn der Frischkäse nicht sahnig genug ist, einfach mit etwas Olivenöl oder einem Schuss Buttermilch verrühren.

Kräuterbutter-Joghurt-Waffeln mit Endiviensalat

Zutaten

- 100 g Kräuterbutter (z. B. von Meggle)
- 3 Eier
- 250 g Mehl
- ½ TL Backpulver
- 250 g Joghurt

Für den Salat

- 1 Endiviensalat
- 150 g Frühstücksspeck
- 4 EL Balsamico-Essig
- 1 rote gewürfelte Zwiebel
- 3 EL Kürbiskernöl
- Salz
- Pfeffer
- 1 TL süßer Senf
- 40 g geröstete Kürbiskerne

Für etwa 8 Waffeln
Zubereitungszeit: ca. 1 Std.

1. Die weiche Kräuterbutter schaumig rühren, nach und nach die Eier hinzufügen. Das Mehl mit dem Backpulver mischen und abwechselnd mit dem Joghurt unter den Teig rühren. Diesen zugedeckt beiseite stellen.

2. In der Zwischenzeit den Endiviensalat putzen, vierteln und in dünne Streifen schneiden. Dann den Speck in etwa 1 cm dicke Streifen schneiden, bei mittlerer Hitze ausbraten und mit etwas Balsamico-Essig ablöschen. Abkühlen lassen.

3. Die Zwiebel mit dem Öl, dem restlichen Balsamico-Essig, Salz, Pfeffer und dem Senf verrühren. Zwiebelwürfel und Speck in die Sauce geben. Über den Salat geben. Alles mit Kürbiskernen bestreuen.

4. Das Waffeleisen aufheizen, eventuell einfetten und anschließend goldgelbe Waffeln backen. Zu dem Salat reichen.

Grüne Waffeln mit Paprika

Zutaten

- 400 g Erbsen, frisch oder TK
- etwas Salz
- 200 ml Milch
- 4 frische Eier
- 1 TL Zucker
- Salz
- etwas Pfeffer
- etwas geriebene Muskatnuss
- 100 g Mehl

Für die Paprikastreifen

- je 2 rote und gelbe Paprikaschoten
- 50 g Butter
- 2 EL Zucker

1. Die Erbsen einige Minuten in kochendem Salzwasser blanchieren, dann abgießen und in eine Rührschüssel geben. Milch dazugeben und die Erbsen pürieren.

2. Die Eier, 1 Prise Salz, Pfeffer und Muskat zugeben und verrühren. Das Mehl sieben und portionsweise unterrühren.

3. Das Waffeleisen aufheizen, eventuell einfetten und anschließend nicht zu dicke, hellgrüne Waffeln backen. Bevor sie eine Kruste bilden, aus dem Waffeleisen herausnehmen und bei 100 °C im Backofen warm halten.

4. Anschließend die Paprika putzen und halbieren, dann in dünne Streifen schneiden und kurz in Salzwasser blanchieren.

5. Die Butter in einer Pfanne zerlassen, Zucker zugeben und karamellisieren lassen. Die Paprikastreifen kurz darin wälzen, dann auf jeweils einer Hälfte der Waffeln verteilen. Die andere Waffelhälfte darüber klappen und sofort mit Kräutern garniert servieren.

Für etwa 10 Waffeln
Zubereitungszeit: ca. 1¼ Std.

Variation

Anstelle der Waffeln können Sie aus dem Teig auch Pfannkuchen backen.

Sandwich-Waffeln

1. Mehl und Trockenhefe mischen und sieben. Salz, Eier, Milch und Öl zufügen und alles etwa 3 Minuten kräftig verrühren. Mit einem Tuch abgedeckt für etwa 15 Minuten bei 50 °C in den Backofen stellen und gehen lassen.

2. Inzwischen den Salat und das Gemüse putzen. Die Tomaten und die Gurke in Scheiben schneiden.

3. Das Waffeleisen aufheizen, eventuell einfetten und jeweils 1 TL Sesam hineinstreuen. Anschließend goldgelbe Waffeln backen, diese auf einem Kuchengitter abkühlen lassen und danach in 2 Hälften teilen.

4. Auf je eine Waffelhälfte etwas Remoulade verteilen, jeweils ein Salatblatt, den Käse, den Kochschinken und abwechselnd eine Scheibe Tomate oder Gurke drauflegen. Wieder mit etwas Remoulade bestreichen, die andere Waffelhälfte darüber legen und servieren.

Variation

Die Füllung kann natürlich variiert werden. Es eignen sich jede Art von Schnittkäse, Schinken, Salami, Champignons, saure Gurken… Auch ein Genuss: Thunfisch-Sandwich-Waffeln mit Zwiebelringen.

Zutaten

- 350 g Mehl
- 1 P. Trockenhefe
- 1 Tl Salz
- 2 frische Eier
- ½ l lauwarme Milch
- 50 ml Speiseöl
- 50 g Sesam

Für die Füllung

- 11 große Salatblätter
- 850 g Tomaten
- ½ Salatgurke
- 150 g Remoulade
- 11 große Scheiben Schnittkäse
- 11 Scheiben Kochschinken

Für etwa 11 Waffeln
Zubereitungszeit: ca. 1 Std.

Tipp

Wenn Sie die Waffeln in einem gefetteten Waffeleisen backen, werden sie saftiger, ohne Fett werden sie knuspriger.

Pikante Reiswaffeln

Zutaten

- 125 g Milchreis
- 1/2 l Gemüsebrühe
- 4 Eigelb
- 50 g Semmelbrösel
- 1 Prise Salz
- 50 g feine Schinkenwürfel

1. Den Reis in der Brühe aufkochen und ausquellen lassen. Anschließend abkühlen.

2. Derweil die Eigelbe schaumig rühren. Semmelbrösel und Salz hinzufügen, danach den Reis und den Schinken. Alles gut verrühren.

3. Die Eiweiße steif schlagen und unter den Teig heben.

4. Das Waffeleisen aufheizen, eventuell einfetten und anschließend goldgelbe Waffeln backen.
(auf dem Foto oben)

■ *Für etwa 7 Waffeln*
Zubereitungszeit: ca. 40 Min.

■ ■ ■ Variation

Mit einem Dip aus Crème fraîche, geriebenen Mandeln und Schinkenwürfeln, abgeschmeckt mit Salz, Pfeffer und einigen Tropfen Tabasco servieren.

Kartoffelwaffeln

Zutaten

- 450 g rohe geriebene Kartoffeln
- 1 geriebene mittelgroße Zwiebel
- 3 Eier
- 1 Prise Salz
- 2 EL saure Sahne
- 3 El frische gehackte Kräuter
- 75 g Mehl

1. Kartoffeln, Zwiebeln, Eier, Salz, Sahne und Kräuter mischen.

2. Das Mehl dazugeben und die Flüssigkeit damit binden.

3. Das Waffeleisen aufheizen, eventuell einfetten und anschließend goldgelbe Waffeln backen.
(auf dem Foto unten)

■ ■ ■ Variation

Am besten schmeckt dazu Kräuterquark mit viel Schnittlauch.

■ *Für etwa 6 Waffeln*
Zubereitungszeit: ca. 25 Min.

Zutaten

- 125 g Butter oder Margarine
- 4 frische Eier
- 200 g Mehl
- 1/2 TL Backpulver
- 100 g gekochter Schinken in Streifen
- 1 Prise Salz
- etwas Pfeffer
- 1/4 TL geriebener Majoran

Für den Brokkoli und die Mandelbutter

- 1 kg Brokkoli
- etwas Salz
- 100 g Butter
- 60 g gehobelte Mandeln
- etwas Pfeffer
- etwas geriebene Muskatnuss

Schinkenwaffeln mit Brokkoli und Mandelbutter

1. Die Butter oder Margarine mit den Eiern cremig rühren. Das Mehl mit dem Backpulver mischen, sieben und abwechselnd mit 125 ml lauwarmen Wasser unterrühren. Dann den Schinken mit den Gewürzen unter den Teig ziehen.

2. Das Waffeleisen aufheizen, eventuell einfetten und anschließend goldbraune Waffeln backen. Diese bei 100 °C im Backofen warm halten.

3. Den Brokkoli waschen, in Röschen teilen und die Strunkenenden kreuzweise einschneiden. Den Brokkoli in kochendem Salzwasser in etwa 10 Minuten bissfest kochen.

4. Inzwischen die Butter zerlassen, die Mandeln zugeben und unter ständigem Rühren bräunen lassen. Die Mandeln mit Salz, Pfeffer und Muskat würzen.

5. Den Brokkoli auf die Waffeln verteilen, mit der heißen Mandelbutter begießen und servieren.

■ *Für etwa 6 Waffeln*
Zubereitungszeit: ca. 1 Std.

Käsewaffeln mit Knoblauch-Champignon-Creme

Zutaten

- 75 g Gouda
- 75 g Gewürzgurken
- 2 frische Eier
- 75 g zerlassene Butter
- 100 ml Milch
- 1 TL Salz
- 1/4 TL Pfeffer aus der Mühle
- etwas Paprikapulver, edelsüß
- 175 g Mehl
- 2 TL Backpulver

Für die Creme

- 3–4 Knoblauchzehen
- 250 g Sahnequark
- 4 EL Milch
- 1 P. Kresse
- 1/2 Bund Petersilie
- 100 g Champignons
- 1 Frühlingszwiebel
- etwas Salz
- etwas Pfeffer

■ *Für etwa 5 Waffeln*
Zubereitungszeit: ca. 45 Min.

1. Für die Creme den Knoblauch schälen und zerdrücken. Den Quark mit der Milch und dem Knoblauch verrühren.

2. Kresse und Petersilie putzen und fein hacken. Die Champignons und die Frühlingszwiebel waschen und in feine Scheiben schneiden.

3. Den Quark mit den Kräutern und dem Gemüse vermengen und kräftig mit Salz und Pfeffer abschmecken.

4. Für die Waffeln den Käse fein reiben und die Gewürzgurken in feine Würfel schneiden. Beides mit den Eiern, der Butter, der Milch und den Gewürzen verrühren. Das Mehl mit dem Backpulver mischen, sieben und unter die Masse rühren.

5. Das Waffeleisen aufheizen, eventuell einfetten und anschließend goldbraune Waffeln backen. Mit der Creme servieren.

Kräuterwaffeln

1. Die Eier trennen und die Eigelbe mit der Butter cremig rühren.

2. Mehl und Backpulver mischen und abwechselnd mit dem Mineralwasser unter den Teig geben. Danach die Zwiebel, die Kräuter, Salz und Pfeffer dazugeben.

3. Die Eiweiße steif schlagen und vorsichtig unter den Teig heben. Das Waffeleisen aufheizen, gut einfetten und die Masse goldbraun ausbacken.

Zutaten

- 4 Eier
- 200 g Butter
- 300 g Mehl
- 2 TL Backpulver
- 1/8 l Mineralwasser
- 1/2 geriebene Zwiebel
- 1/2 TL gehackte Petersilie
- 1/2 TL gehackter Dill
- 1/2 TL gehackter Liebstöckel
- 1/2 TL gehackter Rosmarin
- 1/2 TL gehackter Thymian
- 1/2 TL gehackte Zitronenmelisse
- Salz
- Pfeffer

Für etwa 10 Waffeln
Zubereitungszeit: ca. 30 Min.

Tipp

Dazu passt gut ein Dillquark aus Sahnequark, etwas Milch, fein gehacktem Dill sowie Salz und Pfeffer.

Scharfe Chili-Waffeln mit Avocado-Dip

Zutaten
- 2 frische Eier
- 3–4 EL Chili-Gewürzmischung
- etwas Salz
- etwas schwarzer Pfeffer
- 100 ml Speiseöl
- 300 g Maismehl
- 2 TL Backpulver

Für den Avocado-Dip
- 1 reife Avocado
- 1–2 Knoblauchzehen
- 100 g Frischkäse
- einige Spritzer Zitronensaft
- Salz
- Pfeffer
- einige Tropfen Tabasco

1. Die Eier mit 300 ml Wasser, den Gewürzen und dem Öl verschlagen.

2. Das Mehl mit dem Backpulver vermischen, sieben und portionsweise unter die Eiermischung rühren. Die Masse erneut kräftig mit Pfeffer und Salz abschmecken.

3. Das Waffeleisen aufheizen, gut einfetten und die Masse goldbraun ausbacken.

4. Für den Dip die Avocado halbieren, den Kern entfernen und das Fruchtfleisch mit dem Löffel herauslöffeln. Die Knoblauchzehen schälen und zerdrücken.

5. Avocadofleisch, Knoblauch und Frischkäse zusammen pürieren und mit Zitronensaft, Salz, Pfeffer und Tabasco abschmecken. Zu den warmen Chili-Waffelherzen servieren.

■ *Für etwa 7 Waffeln*
Zubereitungszeit: ca. 45 Min.

Zutaten

- 2 zerdrückte Knoblauchzehen
- 125 g weiche Butter
- 4 frische Eigelb
- 1 Prise Salz
- etwas Pfeffer
- 250 g Mehl
- 250 g Sahne
- 4 frische Eiweiß

Für die Olivencreme

- 200 g würzig eingelegte grüne Oliven ohne Stein
- 150 g Schafskäse
- 1 Bund Oregano
- 1 Bund Thymian
- 75 ml Olivenöl
- Salz nach Belieben
- schwarzer Pfeffer
- etwas Zitronensaft
- 75 g Oliven ohne Stein

Knoblauchwaffeln mit Olivencreme

1. Für die Olivencreme die Oliven klein schneiden. Den Schafskäse klein gewürfelt dazugeben.

2. Die Kräuter waschen, trockentupfen, ein Drittel davon beiseite legen. Von den restlichen Kräutern die Blättchen abzupfen und fein hacken. Das Olivenöl und die gehackten Kräuter ebenfalls zu den Oliven geben. Alles gut zerkleinern und mit Salz, Pfeffer und Zitrone abschmecken.

3. Für den Waffelteig den Knoblauch schälen und zerdrücken. Die Butter mit den Eigelben, Salz, Pfeffer und Knoblauch cremig rühren.

4. Das Mehl sieben und abwechselnd mit der Sahne unterrühren. Die Eiweiße steif schlagen und unterheben. Erneut mit Salz und Pfeffer abschmecken.

5. Das Waffeleisen aufheizen, gut einfetten und die Masse goldbraun ausbacken. Abkühlen lassen.

6. Die Oliven ohne Stein halbieren oder in Ringe schneiden. Die Waffeln in Herzen trennen und mit Olivencreme, den Oliven und den restlichen Kräutern servieren.

Für etwa 8 Waffeln (40 Herzen)
Zubereitungszeit: ca. 1 Std.

Tipp
Am besten schmeckt die Olivencreme, wenn sie einen Tag an einem kühlen Ort durchgezogen ist.

Marmorwaffeln mit Basilikumquark

Zutaten

- 50 g Butter
- 2 frische Eier
- 1 Prise Salz
- 200 g Mehl
- 2 TL Backpulver
- ¼ l Milch
- 2 EL Tomatenmark
- 1 TL Paprikapulver, edelsüß
- 1 Tl Oregano

Für den Basilikumquark

- 200 g Sahnequark
- 2 EL Magermilch
- 2 EL fein gehacktes Basilikum
- 1 Knoblauchzehe
- etwas Salz
- etwas Pfeffer

1. Butter, Eier und Salz verrühren. Das Mehl mit dem Backpulver verrühren, sieben und die Mischung abwechselnd mit der Milch hinzufügen. Alles gut verrühren.

2. Tomatenmark, Paprika und Oregano unter den Teig mischen. Das Waffeleisen aufheizen, gut einfetten und die Masse hell ausbacken.

3. Für den Basilikumquark den Sahnequark mit der Milch und Basilikum glatt rühren.

4. Den Knoblauch schälen und dazupressen. Den Basilikumquark mit Salz und Pfeffer abschmecken und zu den Waffeln reichen.

■ *Für etwa 6 Waffeln*
Zubereitungszeit: ca. 40 Min.

Tipp

Eine starke Marmorierung erhalten Sie, wenn Sie die Mischung aus Tomatenmark, Paprikapulver und Oregano nur kurz mit einer Gabel in spiralförmigen Bewegungen unterheben.

Brandwaffeln mit Meerrettichcreme

Zutaten

- 1/4 l Milch
- 50 g Butter
- 1/2 TL Salz
- 150 g Mehl
- 6 frische Eier

Für die Meerrettichcreme

- 200 g Frischkäse
- 4 EL Sahne
- 4 TL Gemüse-Meerrettich
- etwas Salz
- etwas schwarzer Pfeffer

Zum Garnieren

- 10 Champignons
- einige Petersilienzweige

■ *Für etwa 8 Waffeln (40 Herzen)*
Zubereitungszeit: ca. 45 Min.

1. Für die Waffeln die Milch mit der Butter und dem Salz zum Kochen bringen. Das gesiebte Mehl zugeben und alles mit einem Holzlöffel zu einem Klumpen verrühren. Den Klumpen so lange im Topf anrösten, bis sich am Boden ein weißer Belag bildet.

2. Den Teig in eine Rührschüssel geben und nach und nach die Eier zugeben und unterrühren.

3. Das Waffeleisen aufheizen, gut einfetten, die Masse goldbraun ausbacken und auf einem Kuchengitter erkalten lassen. Die Waffeln in Herzen trennen.

4. Für die Meerrettichcreme den Frischkäse, die Sahne und den Meerrettich verrühren und mit Salz und Pfeffer abschmecken. Die Creme mit einem Teelöffel auf die Herzen verteilen und mit etwas schwarzem Pfeffer bestreuen.

5. Die Champignons putzen und in Streifen schneiden. Die Petersilie waschen, trockentupfen und die Blättchen von den Stielen zupfen. Die Herzen mit den Champignons und den Petersilienblättchen garniert servieren.

Variation

Optisch reizvoll: Mit einem Löffel Tomatenmark wird die Meerrettichcreme rot.

Tipp

Noch feiner sieht es aus, wenn Sie die Meerrettichcreme in einen Spritzbeutel mit großer Sterntülle füllen und auf die Herzen spritzen.

Käsewaffeln mit Dillquark

1. Butter oder Margarine schaumig rühren, Eier und Salz dazugeben. Das Mehl mit dem Backpulver vermischen, sieben und unterrühren.

2. Milch, Käse und Paprika unter den Teig ziehen. Das Waffeleisen vorheizen, einfetten und die Waffeln backen.

3. Den Quark mit der Zwiebel, dem Dill, dem Paprikapulver und der Milch verrühren, mit Salz und Pfeffer abschmecken und zu den warmen Waffeln reichen.

■ *Für etwa 5 Waffeln*
Zubereitungszeit: ca. 35 Min.

Zutaten

- 100 g Butter oder Margarine
- 3 frische Eier
- ½ Tl Salz
- 200 g Mehl
- ½ TL Backpulver
- 4 EL Magermilch
- 6 EL geriebener Gouda oder Emmentaler
- 1 Prise Paprikapulver, edelsüß

Für den Dillquark

- 200 g Sahnequark
- ½ EL fein gehackte Zwiebel
- 2 EL fein gehackter Dill
- ¼ TL Paprikapulver, edelsüß
- 2 EL Milch
- etwas Salz
- etwas Pfeffer aus der Mühle

Tipp

Lecker dazu sind kleine Gemüsestangen aus Staudensellerie, Paprika und Möhren.

Dreikornwaffeln mit Salami-Oliven-Creme

Zutaten

- 2 frische Eier
- 100 g Weizenvollkornmehl
- 75 g Roggenmehl
- 75 g Dinkelmehl
- 1 TL Backpulver
- 1/4 l Milch
- 1/2 TL Salz

Für die Salami-Oliven-Creme

- 200 g Doppelrahmfrischkäse
- 2 EL weiche Butter
- 1 Knoblauchzehe
- etwas Salz
- etwas schwarzer Pfeffer
- 75 g fein gewürfelte Salami
- 6 fein gewürfelte grüne Oliven

1. Die Eier trennen. Die drei Mehlsorten mit dem Backpulver vermischen. Eigelbe, Milch und Salz dazugeben und unterrühren. Die Eiweiße steif schlagen und unterziehen.

2. Den Teig etwa 20 Minuten quellen lassen. Das Waffeleisen aufheizen, gut einfetten und die Masse goldbraun ausbacken.

3. Den Frischkäse mit der Butter kräftig verrühren. Die Knoblauchzehe dazupressen und alles mit Salz und Pfeffer abschmecken.

4. Salami und Oliven unter die Creme ziehen. Zu den Waffeln reichen.

- *Für etwa 5 Waffeln*

Zubereitungszeit: ca. 55 Min. + 20 Min. Quellzeit

Speckwaffeln mit Schnittlauchquark

Zutaten

- 100 g gewürfelter durchwachsener Speck
- 3 frische Eier
- 1/4 l Milch
- 125 g Sahne
- 200 g Mehl
- 1 TL Backpulver
- etwas Salz
- etwas Paprikapulver, edelsüß

Für den Schnittlauchquark

- 200 g Magerquark
- 3 EL Sahne
- 1/2 TL Paprikapulver, edelsüß
- 4 EL Schnittlauchröllchen
- etwas Salz
- etwas Pfeffer

1. Für die Waffeln den Speck in einer Pfanne auslassen. Eier, Milch und Sahne gut miteinander verquirlen.

2. Mehl und Backpulver mischen und unter kräftigem Rühren zur Eiermilch geben. Mit Salz und Paprikapulver abschmecken.

3. Den Speck unter den Teig mischen, das Waffeleisen aufheizen, gut einfetten und die Masse goldbraun ausbacken.

4. Den Quark zusammen mit der Sahne, dem Paprikapulver und dem Schnittlauch glatt rühren.

5. Alles mit Salz und Pfeffer abschmecken und zu den Speckwaffeln geben.

Für etwa 7 Waffeln
Zubereitungszeit: ca. 40 Min.

Tipps

- ***Zur Dekoration können Sie auch noch etwas Schnittlauch auf den Quark geben.***
- ***Dazu schmeckt besonders ein kräftiges Bier oder ein trockener Weißwein.***

■ *Für etwa 6 Waffeln*
Zubereitungszeit: ca. 45 Min.
+ 35 Min. Geh- und Backzeit

Zutaten

- 250 g Mehl
- 2 TL Trockenhefe
- 1 TL Salz
- 1/2 TL Paprikapulver, edelsüß
- 2 frische Eier
- 1/4 l lauwarme Milch
- 1 EL Olivenöl

Für den Belag

- 1 kleine Dose geschälte Tomaten
- 2 Knoblauchzehen
- 2 EL Tomatenmark
- 2 EL Olivenöl
- 200 g Champignons
- 4 Zwiebeln
- 80 g Salami in Scheiben
- etwas Salz
- etwas Pfeffer
- etwas gerebelter Oregano
- etwas gerebelter Thymian
- 250 g geriebener Emmentaler

Pizzawaffeln

1. Das Mehl in eine Rührschüssel sieben und die Trockenhefe darunter mischen.

2. Die restlichen Waffelzutaten hinzugeben und den Teig sehr kräftig verrühren. Dann mit einem Tuch zugedeckt 15 Minuten bei 50 °C in den Backofen stellen und gehen lassen.

3. Inzwischen für den Belag die Tomaten abgießen und zerdrücken. Den Knoblauch schälen und durchpressen. Die Tomaten, das Tomatenmark, den Knoblauch und das Öl verrühren.

4. Die Champignons putzen und in Scheiben schneiden. Die Zwiebeln schälen und in Ringe schneiden.

5. Das Waffeleisen aufheizen, gut einfetten und die Masse goldbraun ausbacken.

6. Die Waffeln auf 2 Backbleche verteilen und die Tomatenmasse darauf verstreichen. Mit Champignons und Zwiebeln bestücken und die Salamischeiben darauf legen.

7. Die Pizzen mit Salz, Pfeffer, Oregano und Thymian würzen, mit dem Käse bestreuen und 20 Minuten bei 175 °C im Backofen überbacken.

■ ■ ■ Variation

Natürlich schmeckt die Pizza auch mit anderen Belägen gut, zum Beispiel variiert mit Schinken/Ananas oder Thunfisch/Zwiebel.

Pikante Waffelhappen

Zutaten

- 250 g Zwiebeln
- 2 Knoblauchzehen
- 125 g Butter
- 50 g geriebener Emmentaler oder Parmesan
- 50 ml Weißwein
- 75 ml Milch
- 3 frische Eier
- 2 TL Salz
- 1 TL Pfeffer
- 150 g Mehl
- 1 TL Backpulver

Für den Belag

- 2 EL Mayonnaise
- 1 EL mittelscharfer Senf
- 13 mittelgroße Scheiben gekochter oder geräucherter Schinken
- 25 Cornichons oder Perlzwiebeln
- 1/2 Bund Petersilie

1. Die Zwiebeln und Knoblauchzehen schälen. Die Zwiebeln in feine Würfel schneiden, den Knoblauch auspressen.

2. Die Butter erhitzen und die Zwiebeln glasig dünsten, dann den Knoblauch zugeben und goldgelb rösten. In eine Rührschüssel füllen. Käse, Weißwein, Milch, Eier, Salz und Pfeffer zugeben und alles gut verrühren.

3. Mehl und Backpulver mischen, sieben und unter den Teig rühren. Das Waffeleisen aufheizen, gut einfetten und die Masse goldgelb ausbacken. Abkühlen lassen und in Herzen trennen.

4 Die Mayonnaise mit dem Senf verrühren. Schinkenscheiben halbieren, Cornichons in Scheiben schneiden oder die Perlzwiebeln halbieren. Die Petersilie waschen und die Blättchen von den Stielen zupfen.

5. Die Waffelherzen mit der Senf-Mayonnaise bestreichen, jeweils mit 1/2 Scheibe Schinken belegen und mit Cornichons oder Perlzwiebeln und Petersilie garniert servieren.

Für etwa 5 Waffeln
Zubereitungszeit: ca. 45 Min.

Kartoffelwaffeln mit Lachs und Senf-Dill-Sauce

Zutaten

- etwas Salz
- 1 TL Kümmel
- 500 g Kartoffeln
- 1 große Zwiebel
- 100 g Schmalz
- 3 frische Eier
- 50 ml Milch
- etwas Pfeffer aus der Mühle
- etwas geriebene Muskatnuss
- 100 g Mehl

Für den Lachs und die Senf-Dill-Sauce

- ½ Bund Dill
- 4 TL Senf
- 2 EL Speiseöl
- 1 EL Honig
- 300 g geräucherter Lachs

Für etwa 8 Waffeln
Zubereitungszeit: ca. 1½ Std.

1. Salzwasser zum Kochen bringen, den Kümmel zugeben und die ungeschälten Kartoffeln darin gar kochen.

2. Inzwischen den Dill für die Sauce waschen und im Anschluss fein zerschneiden. Senf, Öl und Honig verrühren und den Dill dazugeben.

3. Die Zwiebel schälen, in feine Würfel schneiden und dann in etwas Schmalz glasig dünsten.

4. Die Kartoffeln pellen und zu einem feinen Brei stampfen. Zwiebel, Schmalz, Eier, Milch, Salz, Pfeffer und Muskat zum Brei geben und alles verrühren. Das Mehl sieben und unterrühren. Erneut mit Salz, Pfeffer und Muskat abschmecken.

5. Das Waffeleisen aufheizen, gut einfetten und die Masse goldbraun ausbacken.

6. Die Lachsscheiben locker auf die Waffeln legen und die Dill-Senf-Sauce darüber geben und servieren.

Tipps

- ***Die fertigen Waffeln können Sie auch noch mit Dillzweigen dekorieren.***
- ***Dazu schmeckt besonders ein trockener Weißwein.***

■ *Für etwa 7 Waffeln*
Zubereitungszeit: ca. 55 Min.

Zutaten

- 100 g Butter
- 4 frische Eigelb
- 200 g Mehl
- 1 TL Backpulver
- 1/4 l Milch
- 8 EL geriebener Parmesan
- 1 Prise Salz
- 1/2 TL getrockneter Oregano
- 4 frische Eiweiß

Für die Knoblauchcreme

- 4 Knoblauchzehen
- 1 TL Salz
- 250 g Crème fraîche
- Saft von 1/2 Zitrone
- 2 EL Obstessig
- etwas Pfeffer
- einige Tropfen Worcestersauce
- 4 EL Schnittlauchröllchen

Parmesanwaffeln mit Knoblauchcreme

1. Butter und Eigelbe cremig rühren. Mehl und Backpulver vermischen, sieben und abwechselnd mit der Milch dazugeben. Gut verrühren. Parmesan, Salz und Oregano unter den Teig ziehen.

2. Die Eiweiße steif schlagen und vorsichtig darunterheben.

3. Das Waffeleisen aufheizen, gut einfetten und die Masse goldgelb ausbacken.

4. Für die Creme den Knoblauch mit etwas Salz zerreiben. Die Crème fraîche mit Zitronensaft, Essig und Knoblauch schaumig aufschlagen. Mit Salz, Pfeffer und Worcestersauce abschmecken und den Schnittlauch unterziehen. Zu den Waffeln servieren.

■ ■ ■ Variation

Sehr gut passt zu den Parmesanwaffeln auch die Olivencreme von Seite 66.

Buchweizen-Speck-Waffeln mit Kräuterfrischkäse

Zutaten

- 4 frische Eier
- 1/4 l Milch
- etwas Salz
- etwas Pfeffer
- 1 EL Kümmel
- 200 g Buchweizenmehl
- 50 g Weizenvollkornmehl
- 1 TL Backpulver
- 100 g durchwachsener Speck
- 100 g Griebenschmalz

Für den Kräuterfrischkäse

- 200 g Frischkäse
- 125 g Crème fraîche
- Salz
- Pfeffer
- 1 Frühlingszwiebel
- 1 Knoblauchzehe
- 1 P. TK-Kräutermischung

Für etwa 8 Waffeln
Zubereitungszeit: ca. 45 Min. + 30 Min. Gehzeit

1. Für den Kräuterfrischkäse den Frischkäse mit der Crème fraîche und Salz und Pfeffer gut verrühren. Frühlingszwiebel putzen und in feine Ringe schneiden. Den Knoblauch schälen und pressen. Beides mit den restlichen Kräutern unter den Frischkäse rühren.

2. Für die Waffeln Eier, Milch, Salz, Pfeffer und Kümmel gut miteinander verrühren. Buchweizen- und Weizenmehl mit dem Backpulver vermischt unter die Masse rühren. Den Teig etwa 30 Minuten ruhen lassen.

3. Inzwischen den Speck fein würfeln. Das Griebenschmalz in einer Pfanne erhitzen, die Speckwürfel darin anbraten und in den Teig einrühren.

4. Das Waffeleisen aufheizen, gut einfetten und die Masse goldbraun ausbacken.

5. Den Frischkäse zu den noch heißen Waffeln servieren.

Variation

Zu diesen Waffeln kann auch eine Platte mit den verschiedensten Käsesorten oder knusprig gebratener Frühstücksspeck gereicht werden. Mit Bier oder Wein gibt das eine zünftige Mahlzeit.

Rezeptverzeichnis

Süße Waffeln

Pikante Waffeln